Primera impresión, 2020.
ISBN 978-1-7355916-4-3

Publicado de forma independiente con Kindle Direct Publishing.

Sitio web del libro: CommonSense-IThink.com.

A QUIEN CORRESPONDA.

QUERIDO (A) LECTOR.
BUENO,,, ES LA MISMA
VIEJA HISTORIA ... UNA Y
OTRA VEZ.
SE HA CONTADO UNA Y
OTRA VEZ, DE MUCHAS
MANERAS DIFERENTES.
EL MERCADEO EN RED TE
HARÁ RICO O TE HARÁ
POBRE.
TE DARÁ FELICIDAD O TE
DARÁ TRISTEZAS.

PUEDE HACERTE
CODICIOSO O DEMOSTRARÁ
QUE ERES CAPAZ DE
COMPARTIR.

I

TE DARÁ UNA EDUCACIÓN O TE PERMITIRÁ PERMANECER TONTO, INGENUO, IGNORANTE, ESTÚPIDO, OOOOHHH, UNA COMBINACIÓN DE LOS CINCO.

SEGURAMENTE AQUÍ ES DONDE ENTRA EN JUEGO EL SENTIDO COMÚN. COMO SABES, SOLO HACES DOS COSAS CUANDO USAS TU SENTIDO COMÚN.

EL SENTIDO COMÚN TE DIRÁ QUÉ ESTÁ BIEN O QUÉ ESTÁ MAL, QUÉ ES BUENO O QUÉ ESTÁ MAL, O QUÉ DEBES HACER Y QUÉ NO DEBES HACER.

PERO, ESO NO SIGNIFICA NECESARIAMENTE QUE LO HARAS BIEN, SI SOLO TIENES QUE HACER DOS COSAS A LA VEZ CUANDO USAS EL SENTIDO COMÚN, DEBES PENSAR QUE ESO TE FACILITARÍA LA VIDA.

CIERTO? BUENO, REALMENTE TE HARÁ LA VIDA DIFÍCIL.

-MUY DIFÍCIL. Y, ESTA ES LA RAZÓN POR LA CUAL. LOS HUMANOS TIENEN LA TENDENCIA DE HACER MUCHAS ELECCIONES EN SUS VIDAS.

"ASÍ ES LA VIDA"

SI QUIERES MEJORAR EN LA VIDA, YA SABES, PARA MEJORARTE, SOLO RECUERDA, EL CAMPO DEL MERCADEO EN RED TE PERMITIRÁ ELEGIR: POSITIVO O NEGATIVO.

TU ELIGES.

SINCERAMENTE
TOM BURNS

III

No necesito orientación o asesoramiento en el Mercadeo en Red...

...yo se a donde voy. (Error)

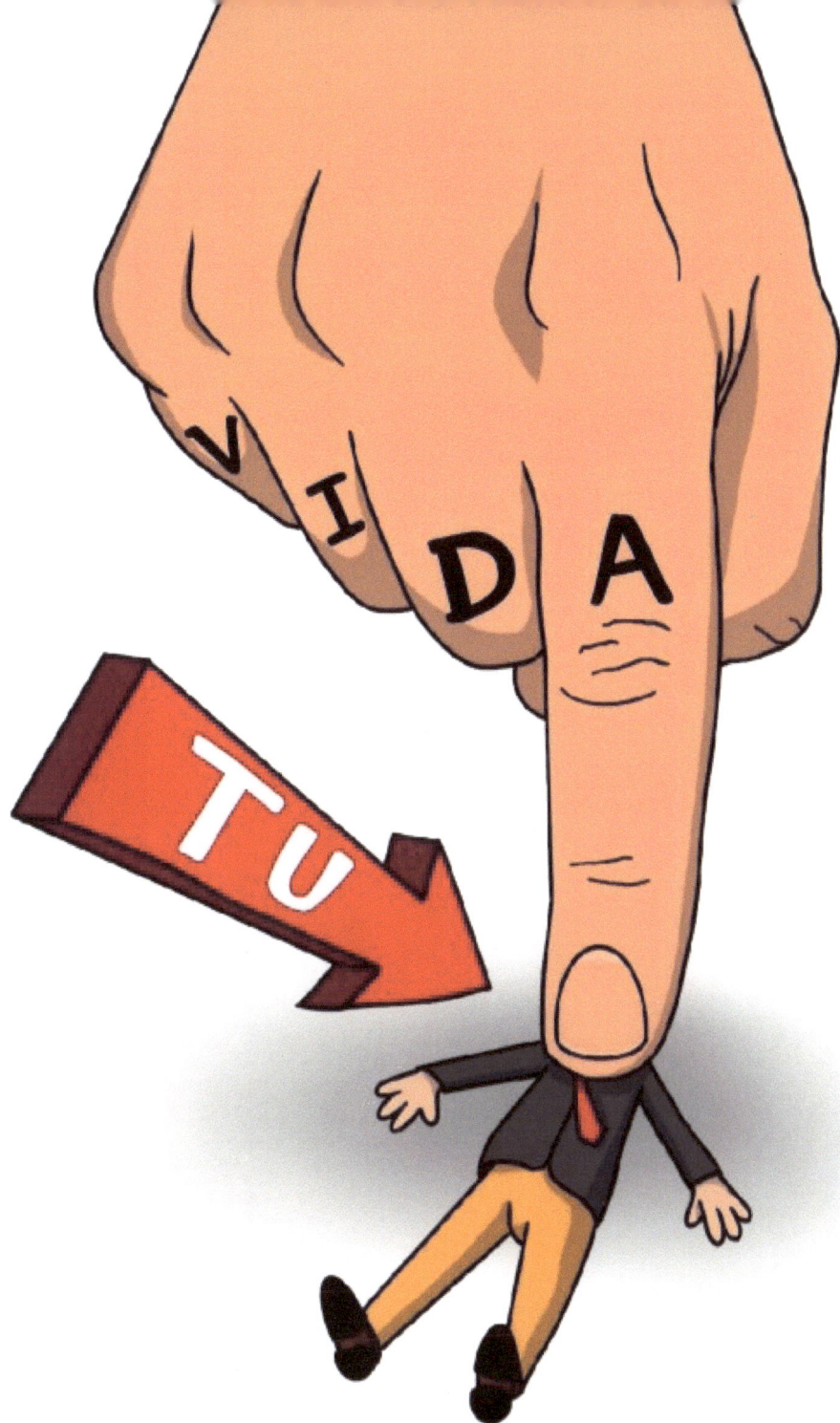

Aquí hay 3 líneas para que puedas poner sus propias declaraciones negativas.

1. _____
2. _____
3. _____

Una vez que tengas tu lista, ARRANCALA de este libro y... QUÉMALA.

¿He mostrado suficientes cosas llamadas "excusas"?

CUANDO INTENTO EXPLICAR
EL MERCADEO EN RED

Reglas al Leer Este Libro!!!

Regla # 1: Las iniciales SC siempre significarán SENTIDO COMÚN.

Regla # 2: Las iniciales M-E-R siempre significarán MERCADEO EN RED.

Regla # 3: No tienes que creer nada en este libro. Deberías creer, pero no es así.

Regla # 4: OH, RAYOS .... simplemente los inventamos sobre la marcha.

El Sentido Comun es muy fácil (simplemente) de usar en la industria de mercadeo en red. Hacer cosas en el M-E-R no es tan complicado. Solo necesitas utilizar principios sencillos. Por ejemplo:

El Principio de Uno!!!

Echemos un vistazo a todas las diferentes oportunidades en el M-E-R que se ofrecen en el mundo. Hay cientos y cientos de empresas en todo el planeta que te permitirán representarlas. Sus productos, sus servicios son enormes. Y no tienes que invertir muy poco dinero en tu propio negocio. No necesitas una tienda, inventarios pesados o incluso mucho dinero para comprar esta idea. Nota: ve a ver qué se necesita para tener cualquier tipo de franquicia. Puedes operar tu negocio desde tu casa.

Para hacer esto, solo tienes que representar UNO EN LOS NEGOCIOS DEL M-E-R.

Aquí hay más buenas noticias-(si usas tu sentido común correctamente):

Puedes ganar un poco de dinero o desarrollar una carrera completamente nueva; consigue un poco de estabilidad y seguridad en tu vida.

¿Y por que no?

Aquí tienes algunas buenas ideas y razones para pensar en tu propio negocio en el M-E-R ...

*** No tienes que crear tu plan de negocios desde cero, ya lo han hecho otros.

*** No necesitas un título universitario o una escuela de capacitación especial; la súper capacitación siempre está disponible.

*** No tienes que recorrer el "camino" tu mismo, hay equipos de apoyo en todas partes.

*** No tienes que renunciar a tu tipo de trabajo actual - el M-E-R se llama "trabajo secundario" construye tu PROPIO negocio en tu tiempo libre (medio tiempo).

*** Esta aventura empresarial puede ser tu propia idea, no necesitas la aprobación de NADIE.

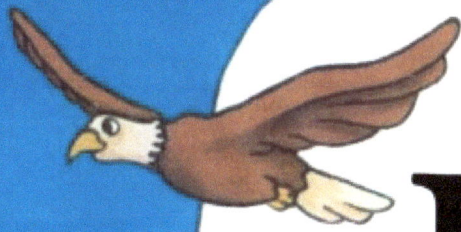

HOLA TODOS!

No hace falta una persona GRANDE para hacer Mercadeo en Red, SOLO UNA INTELIGENTE.

EL MERCADEO DE RED PUEDE DECIR "HOLA" EN MUCHOS IDIOMAS DIFERENTES.

GASTOS RESIDUALES

INGRESOS RESIDUALES

¿QUIERES ADIVINAR LO QUE A LA MAYORÍA DE LAS PERSONAS DE LES OCURRE?

ARQUITECTOS EMPRENDEDORES
DISEÑADORES
COMUNIDAD HABILIDADES PIONEROS
RELACIONES BLOGERS PENSADORES
DOCTORES
DEAMBULA OYENTES MAESTROS MERCADEO EN RED ARTISTAS RETOS
FAMILIA
APOYO MADRES ACTITUD (TODOS ESTAMOS INVOLUCRADOS EN EL) (MUCHAS PERSONAS NO RECIBEN PAGO POR ESO) CONSTRUCTORES SOÑADORES VECINOS INGENIEROS LIDERES COMUNICACION
OPERACIONES AMIGOS RECLUTADORES
ABOGADOS MENTORES
INTENCIONES PLANEADORES
AVENTUREROS COLEGAS ESTUDIANTES INOVADORES CREYENTES
LECTORES
PASION OPTIMISMO
LIBROS ENFERMERAS
JEFES INDIOS PADRES

16

S/C SABE QUE ESTE ES EL VERDADERO EVANGELIO EN EL MERCADEO EN EN RED.

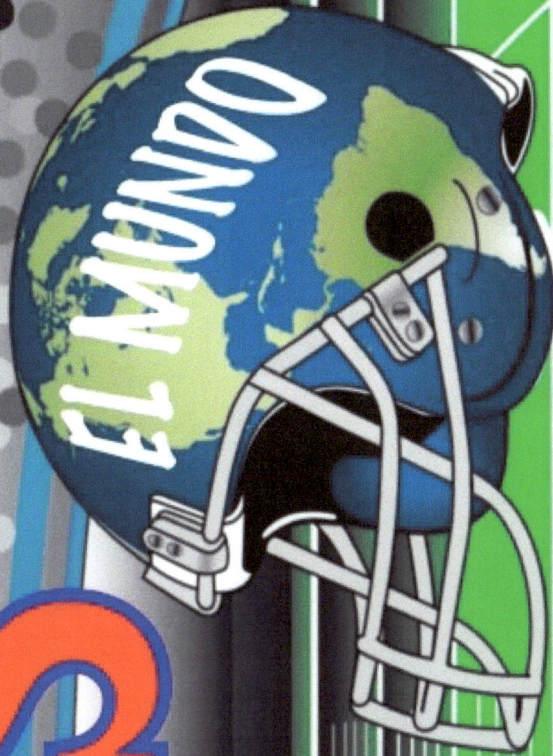

VS

EL MUNDO

0-20-3

NO

ES UN DEPORTE PARA EXPECTADORES

TU

1-20-0

TIENES QUE ESTAR EN EL CAMPO PARA ANOTAR.

SURFEANDO EN EL MERCADEO EN RED.

NO PIENSO QUE ESTO ES LO QUE TENÍAN EN CUENTA. QUIEREN QUE HAGAS MUCHO TRABAJO DE INVESTIGACIÓN EN **INTERNET** SOBRE EL MARKETING DE RED.

PISTA: NUNCA TOMES TU DECISIÓN SOBRE LO QUE QUIERES DE LA VIDA, SIN CONOCIMIENTOS SÓLIDOS DETRÁS.

REDUCCIÓN DEL TIEMPO LIBRE.

Bueno, eso es un infierno. ¿Por qué estamos trabajando tan duro? ¿Podría ser una de las razones el TIEMPO LIBRE? Tener suficiente dinero en la vida es bueno; pero tener libertad de tiempo es super lindo.

¿Cómo podría alguien prepararse para el futuro que le da tanto dinero como tiempo? ¿Una cosa podría llamarse Renta Residual? En pocas palabras, es hacer algo una vez y recibir un pago por ello una y otra vez, mes tras mes. Haga que su fuente de ingresos funcione las 24 horas del día, los 7 días de la semana.

Las inversiones, las franquicias son buenas formas de hacerlo realidad. Desafortunadamente, muchas de las llamadas personas de ingresos medios no tienen el dinero por adelantado. Entonces, ¿qué podemos hacer? Aquí hay algo que es simple y fácil ... MERCADEO EN RED.

REDUCCIÓN DEL TIEMPO LIBRE.

Continuado...

Por favor, recuerde siempre, ser una buena persona.

El Mercadeo en Red requiere mucho trabajo de tu parte, nadie más solo tú. Pensar en esta objeción en la vida seguramente puede mantenerte despierto por la noche.

Hay muchas, muchas personas en el mundo empresarial que pasarán por su vida empresarial con muy poca libertad de tiempo. Incluso cuando se trata de algo llamado vacaciones. Una gran cantidad de gente se va de vacaciones.

Pero no son "vacaciones pagadas". E incluso aquellos que obtienen unas vacaciones pagadas, el dinero es tan pequeño que cuando se van de vacaciones ni siquiera pueden permitirse el lujo de salir de los límites de la ciudad.

No seas ese tipo de personas que se ganan su TIEMPO LIBRE.

EL S/C SABE A CIENCIA CIERTA
QUE EL MERCADEO
EN RED
NO ES MÁS QUE
EL MERCADEO DE LAS
RELACIONES

Las personas hablan con las personas.

MAÑANA

UN LUGAR EXTRAÑO DONDE SUCEDE EL 99% DE TODAS LAS COSAS BUENAS ... O ... DONDE SUCEDE EL 99% DE TODAS LAS COSAS MALAS.

¿ES DIFÍCIL DE CREER ESTO?

CUANDO HAGAS TUS elecciones EN LA VIDA ...

¡ENTONCES SABRÁS QUE ES VERDAD!

23

EL JURADO LE ENCUENTRA CULPABLE DE DECIR VERDADES HORRIBLES SOBRE ALGUNAS PERSONAS CON ACTITUDES NEGATIVAS EN EL MERCADEO EN RED.

ERES LIBRE DE IRTE BUEN AMIGO

EN EL M-E-R
¡NO TIENES QUE
CONOCER MENTORES
PERSONALMENTE
PARA SER
GRANDIOSO!

Mentores
Masculinos

Mentores
Femeninas

TÚ

A YU DA

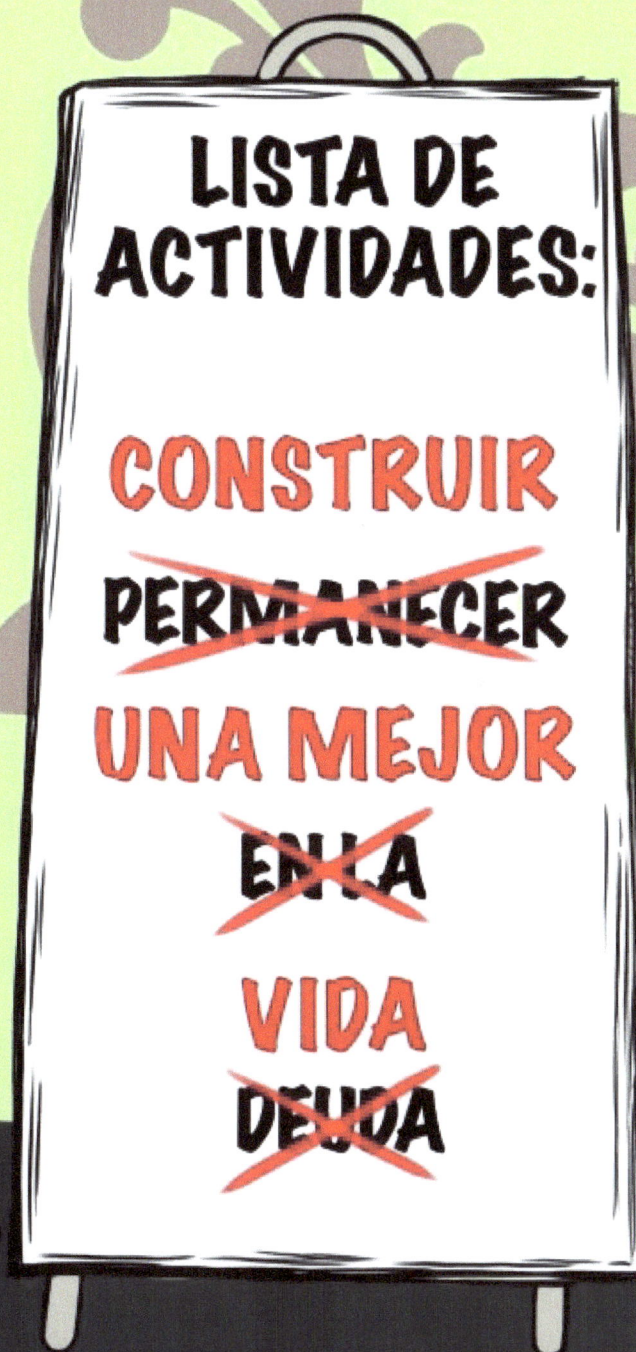

S/C NOS DICE, ES UN BUEN PRINCIPIO

"¡NO NECESITO QUE MI EQUIPO (GRUPO O LÍNEA DE DISTRIBUCIÓN) SIGAN MIS PASOS ,,, PERO, NECESITO HACER QUE VALGA LA PENA SEGUIRLOS!"

29

SOLO UN PENSAMIENTO PASAJERO

SENTIDO COMÚN EN M-E-R (O EN LA VIDA) NO SIGNIFICA LA IDEA DE "REINVENTAR LA RUEDA". SIGNIFICA VIAJAR POR LA VIDA EN 4 RUEDAS, EN LUGAR DE 3. PODEMOS VIAJAR, POR CUALQUIER CAMINO QUE QUERAMOS, CON QUIEN QUERAMOS, E IR MÁS LEJOS EN EL MOMENTO QUE QUERAMOS.

Y EN ESO, AHÍ ES DONDE RADICA NUESTRO PROBLEMA – EN LO QUE ELEGIMOS. ¿ALGUNA VEZ ESCUCHASTE EL TÉRMINO "TROZO DE MULA"? SI TUVIÉRAMOS QUE APLICAR EL SENTIDO COMÚN A ESTA HISTORIA, ¿DE QUÉ CREES QUE SE ESTÁ HABLANDO? COMO PERSONA, PUEDE SER OBSTINADO EN TODAS LAS COSAS TANTO POSITIVAS COMO NEGATIVAS. COMMON SENSE ESTARÁ ENCANTADO DE DEJARLE A USTED LA DIRECCIÓN EN LA QUE DESEA VIAJAR.

UNA BUENA FORMA EN LA QUE TAL VEZ DESEE VIAJAR NO ES SOLO. AHORA, CUANDO ELIGE VIAJAR EN SU VIDA EMPRESARIAL CON OTROS, ESTÁ DISPUESTO A APRENDER. EL SENTIDO COMÚN EN M-E-R TE DICE QUE INTENTES Y APRENDAS COSAS QUE LA MAYORÍA DE LA GENTE NUNCA APRENDERÁ.

> APRENDE A DIVERTIRSE
> APRENDE A REÍR
> APRENDER A JUGAR
> APRENDA CUANDO TRABAJA NUNCA JUEGUE
> APRENDA A AYUDAR A OTROS
> APRENDA A TOMAR AYUDA A OTROS
> APRENDE A CRECER MÁS QUE AHORA
> APRENDE A SER AGRADECIDO
> APRENDER A MOSTRAR GRATITUD
> Y APRENDER A GANAR DINERO.

Y, QUIZÁS, ETC. (ME ENCANTA USAR ESA PALABRA).

CASI OLVIDÓ DECIR, EL SENTIDO COMÚN TE DIRÁ ... NO PUEDES, O NUNCA LO HARÁS, APRENDER TODO EN EL MUNDO DE LOS NEGOCIOS. PERO, SEA LO QUE SEA LO QUE ELIJA HACER EN EL MUNDO DE LOS NEGOCIOS, ES MEJOR QUE APRENDE TODO.
EL CONOCIMIENTO ES EL REY !!!

El S/C ~~dice~~ Sabe,

Algunas **RECOMPENSAS** marcan el final de *EXELENTE* un ~~buen~~ viaje, en el **M-E-R**

ALGUNAS SON SOLO EL COMIENZO.

31

ALGUNAS Filosofías en el M-E-R

---

* No hagas mejoras, haz excusas.
* Deténgase cuando se ponga difícil.
* Está bien hacer trampa y mentir si te beneficia.
* Perseguir tus sueños es una pérdida de tiempo.
* No le dé nada a la gente, solo tomelo.

Algo está mal aquí, PERO QUE ES?

"Pasó mucho tiempo preocupándome por mi potencial de ingresos. Luego me involucré en el M-E-R,,,

Cree mi propio negocio y luego,

*Lo construí y

*Lo construí y

* Lo construí.

Ahora todo parece estar bien."

NACIÓN DE DÍA DE PAGO A DÍA DE PAGO.

Si alguien está buscando una buena razón para investigar el campo del mercadeo en red, simplemente lea las 6 palabras anteriores. Los negocios de todo tipo siempre intentarán producir algo llamado Beneficio. Desafortunadamente, en muchas situaciones, los empleados 'pagan el precio'.

EL SENTIDO COMÚN intentará informarle sobre lo que debe buscar en el mundo empresarial.

Mira, muchas cosas en el mundo son desagradables, mezquinas y brutales para todos. Eres Tú quien siempre tienes que prepararte para las cosas desagradables, mezquinas y brutales de este mundo. Ni sus jefes, ni los empleadores, ni siquiera nuestro gobierno. ¿Quién es responsable de usted y su familia? ¡¡¡Eres tú!!!

NACION DE DÍA DE PAGO A DÍA DE PAGO.

Continuado...

Pero, ¿qué puede hacer para cambiar en una nación de día de pago a día de pago?

Dicen que el dinero cambia a las personas para bien o para mal. Elijamos bien. Si está asignado, siempre trate de hacer lo mejor que pueda.

Mientras tanto, busque otras formas de obtener más ingresos. Haga el descubrimiento que producirá una fuente adicional de ingresos para usted y su familia. Al buscar fuentes adicionales de ingresos, hay "HACER y NO HACER".

NACION DE DíA DE PAGO A DíA DE PAGO.

Concluyendo...

Comencemos con lo que no se debe hacer:

No busque otro trabajo (a tiempo parcial). Este es el por qué...

1. Recibirá salarios bajos, una pequeña cantidad de dinero,

2. Horas de trabajo terribles tiempo fuera de su familia.

3. Te convertirás en buenos amigos del IRS, ellos recibieron su dinero incluso antes de que veas tu cheque de pago.

4. Nunca habrá recompensas adicionales ni fondos de jubilación, ni tiempo de vacaciones, ni beneficios de salud.

5. Lo más probable es que no aprenda nuevas habilidades.

6. Pones tus propios resultados negativos:

a)_____

Ahora, lo que se debe hacer:

b)_____

1. Seleccione Propiedad.

c)_____

2. Seleccione nuevas formas de mejorar sus habilidades y talentos.

3. Si es propietario, tiene deducciones fiscales.

4. Tiene la oportunidad de tener cosas llamadas ganancias, fondos de jubilación y una cosa llamada CRECIMIENTO.

Bueno, les di 4 razones para HACER y 6 razones para NO HACER. Amigos, es un juego de números. Vea mi primer libro: COMMON SENSE-I THINK y estudie la página 33.

SI PIENSAS QUE ESTAR EN EL MERCADEO EN RED ES UN RIESGO,

Intente trabajar para alguien por 40 años y vivir de la seguridad social.

¡M-E-R EN UNA PALABRA!

Si quieres ir rápido

RÁPIDO
VE
SOLO

Si quieres ir lejos

LEJOS
VE
CON OTROS.

DIVERSIFICAR

TRABAJO DE EQUIPO

VENTAS

MÚLTIPLES FUENTES DE ENTRADA

COMUNICACIÓN

PROPIEDAD

ENTONCES PUEDES GIRAR DIFERENTES PLATOS

41

S/C Y M-E-R
NO ES TAN DIFÍCIL
COMO PIENSAS

Equipo Amigos Clientes

El Mundo

Amistades

Extraños

Otros Grupos

BUSCAR POR
AYUDA Y ORIENTACIÓN

EN EL M-E-R. MUY POCAS PERSONAS **SERAN** ACUSADAS DE ESTO...

Bibliobuli

DEFINICIÓN: AQUELLOS QUE LEEN **DEMACIADO.**

PARA SER MEJOR EN EL MERCADEO EN RED, HAS ESTO:

PLAN "A"
PLAN "B"
PLAN "C"
PLAN "D"
PLAN "E"
& ETC

(me encanta usar esta palabra)

HEY!, LO QUE SEA NECESARIO.

S/C SABE QUE EN EL M-E-R

2208 HORAS

En algun (cualquier) NEGOCIO DE RED, lo más probable es que cambie su VIDA (mejore) PARA SIEMPRE.

Pista: trabaja muy duro en el M-E-R por 3 meses y llamaremos a eso "solo" un comienzo.

Una de las muchas
VERDADES SIMPLES
SOBRE EL
MERCADEO
EN RED.

El secreto para salir Adelante es Comenzar !!

47

Mark Twain

S/C TE DIRÁ, QUE EN EL M-E-R

(ASI COMO EN LA VIDA)

MUY AMENUDO ESTO ES BENEFICIOSO PARA MUCHAS PERSONAS

(MÁS ADELANTE EN LA VIDA, POR FAVOR)

NO PUEDES ENGAÑAR AL S/C SI ERES UN PEQUEÑO PENSADOR

NUNCA ENCAJARÁS DENTRO DEL M-E-R

EQUIPO DE TRABAJO

EN UNA

COMPAÑÍA DE MARKETING DIRECTO

¿QUIÉN AYUDA A QUIEN?

¿ELLOS-NOSOTROS-USTEDES?

PISTA: LA RESPUESTA ES TODOS

S/C- EN EL M.E.R, TODOS TIENEN ESTO AL COMENZAR...

PUNTOS CIEGOS

LAS ANTEOJERAS AYUDAN CON EL ENFOQUE, PERO NO CON EL LÍMITE.

"SI HAGO LAS COSAS A MI MANERA EN EL M-E-R, SIEMPRE VOY A GANAR."

DUDOSO

S/C

TE PEDIRÁ QUE ENTIENDAS ESA PALABRA.

****INDICE****

CONTRIBUCIÓN DE LOS ILUSTRADORES.

(Súper grupo de talentosos)

61

HOLA A TODOS.

MI NOMBRE ES DAVID ALVARADO... NACI EN LA CIUDAD DE MEXICO, DONDE FORME MI EDUCACION COMO ARTISTA.

COMO ILUSTRADOR ESTOY MUY CONTENTO DE FORMAR PARTE DE ESTE FANTASTICO PROYECTO, Y HABER TENIDO EL HONOR DE REALIZAR LA TRADUCCION PARA TODA LA COMUNIDAD DE HABLA HISPANA.

ESPERO QUE HAYAN DISFRUTADO ESTE EXELENTE LIBRO Y COMO EN TODO EN LA VIDA TODOS LOS DIAS APLIQUEN LOS CONSEJOS QUE AQUI SE HAN OFRECIDO, EL SENTIDO COMUN ES POR DELANTE DE TODAS LAS ACCIONES QUE HEMOS TOMADO TANTO EN EL MERCADEO EN RED COMO EN LA VIDA.

UN CORDIAL SALUDO A TODA LA COMUNIDAD Y LOS AMIGOS DEL SENTIDO COMUN.

GRACIAS.

....MIS PENSAMIENTOS....

MARKETING EN RED Y SENTIDO COMÚN JUNTOS ,,, MISERICORDIA, ¿QUÉ PENSARÉ A CONTINUACIÓN? HE LLEGADO A DAR CUENTA QUE EL MARKETING EN RED HA ESTADO DURANTE MUCHO TIEMPO. POCO HA CAMBIADO. EXISTE UNA EMPRESA (CORPORACIÓN), PRODUCTOS O SERVICIOS, SISTEMAS DE TRABAJO, PLAN DE PAGO Y ALGÚN TIPO DE PROGRAMA DE DISTRIBUCIÓN, LO MÁS GRANDE QUE SIEMPRE CAMBIA ES LAS PERSONAS. Y SUCEDERÁN DOS COSAS ,,,, ÉXITOS O FALLOS. EN MIS CARRERAS DE NEGOCIOS, LO HE VISTO PASAR MUCHAS, MUCHAS VECES Y DE MUCHAS MANERAS.

LA BELLEZA ES SIMPLE. SE DEBE UTILIZAR EL SENTIDO COMÚN PARA HACER UNA VIDA EN LA INDUSTRIA DEL MERCADEO EN RED. VE ,,, EL MERCADEO EN RED NUNCA CAMBIARÁ. ¿QUÉ TIENE QUE CAMBIAR? CREO QUE YA SABE LA RESPUESTA. A la mayoría de las personas no les va bien en el mercadeo en red porque no mejoran lo más importante: ellos mismos.
NO CREO POR UN MOMENTO, TENGO TODA LA RESPUESTA CORRECTA QUE NECESITAS. PERO, ESPERO QUE MI LIBRO LE DÉ UN BUEN COMIENZO.
MUCHAS GRACIAS.

Tom Burns

Tom Burns
burnstom@comcast.net
www.commonsense-ithink.com

64

CommonSense-IThink.com

www.ingramcontent.com/pod-product-compliance
Lightning Source LLC
Chambersburg PA
CBHW052047190326
41521CB00002BA/140